28 Février 1887

CATALOGUE

DES

CURIOSITÉS

DE L'EXTRÊME-ORIENT

Brûle-parfums en jade vert — Bijoux indiens en or émaillé
Ivoires japonais — Laques — Émaux cloisonnés
Cuivres de Bombay et de la Perse
Porcelaines de Chine — Meubles du Tonkin
Étoffes brodées — Kakémonos

OBJETS D'ART

MARBRES

Buste de Marie-Antoinette

Beau Secrétaire Louis XVI en marqueterie de bois

Lustres et Girandoles garnis de cristaux de roche
Meubles sculptés — Mobilier courant

DONT LA VENTE AURA LIEU

En partie pour cause de départ

HOTEL DROUOT, SALLE Nº 1

Le Lundi 28 Février 1887

A DEUX HEURES

Mᵉ PAUL CHEVALLIER	**M. CHARLES MANNHEIM**
COMMISSAIRE-PRISEUR	EXPERT
10, rue de la Grange-Batelière, 10	7, rue Saint-Georges, 7

EXPOSITION PUBLIQUE

Le Dimanche 27 Février 1887, de 1 heure à 5 heures

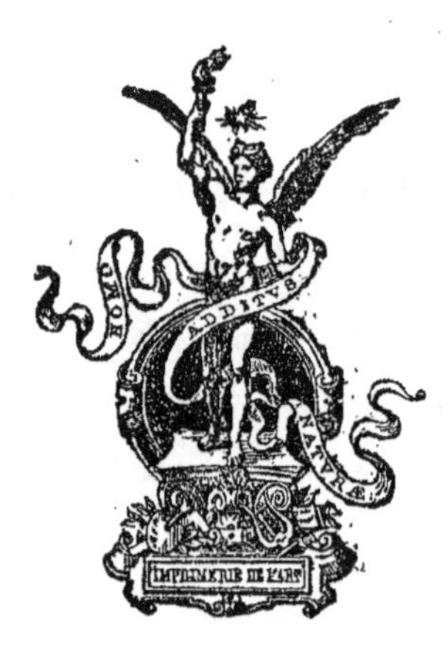
ADDITVS
IMPRIMERIE DE L'ART

CATALOGUE

DES

CURIOSITÉS

DE L'EXTRÊME-ORIENT

Brûle-parfums en jade vert — Bijoux indiens en or émaillé
Ivoires japonais — Laques — Émaux cloisonnés
Cuivres de Bombay et de la Perse
Porcelaines de Chine — Meubles du Tonkin
Étoffes brodées — Kakémonos

OBJETS D'ART

MARBRES

Buste de Marie-Antoinette

Beau Secrétaire Louis XVI en marqueterie de bois

Lustres et Girandoles garnis de cristaux de roche
Meubles sculptés — Mobilier courant

DONT LA VENTE AURA LIEU

En partie pour cause de départ

HOTEL DROUOT, SALLE N° 1

Le Lundi 28 Février 1887

A DEUX HEURES

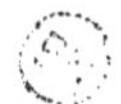

M° PAUL CHEVALLIER	**M. CHARLES MANNHEIM**
COMMISSAIRE-PRISEUR	EXPERT
10, rue de la Grange-Batelière, 10	7, rue Saint-Georges, 7

EXPOSITION PUBLIQUE

Le Dimanche 27 Février 1887, de 1 heure à 5 heures

CONDITIONS DE LA VENTE

Elle sera faite au comptant.

Les acquéreurs payeront en sus des enchères *cinq pour cent*, applicables aux frais.

L'exposition mettant le public à même de se rendre compte de l'état des objets, il ne sera admis aucune réclamation une fois l'adjudication prononcée.

Paris, Imp. de l'Art. E. Ménard et J. Augry, 41, rue de la Victoire.

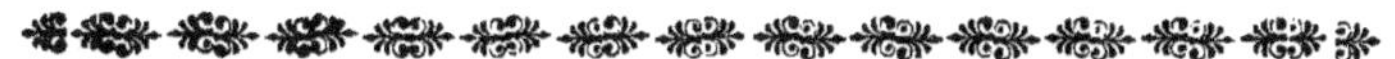

DÉSIGNATION DES OBJETS

OBJETS D'ART

ET MEUBLES EUROPÉENS

1 — Marbre blanc. Buste de Marie-Antoinette, en costume de cour et portant le diadème.

2 — Beau trictrac en marqueterie de bois et d'étain. Époque Louis XIII.

3 — Marbre blanc. Deux statuettes d'enfants de l'époque Louis XIV.

4 — Marbre blanc. Console-applique Louis XVI, à décor de grecques et à inscription.

5 — Beau secrétaire du temps de Louis XVI, entièrement décoré en marqueterie de bois, de motifs d'architecture, de fontaines, de gaines et de figures, et garni de moulures à oves et à feuilles d'eau et de triglyphes en bronze ciselé et doré. Tablette de marbre blanc.

6 — Lustre en bronze doré, de style Louis XIV, à douze lumières, avec pendeloques, cordons de perles et boule en cristal de roche.

7 — Deux girandoles à six lumières, garnies de cristaux de roche.

8-9 — Quatre petits lustres-appliques, à six lumières chacun, en bronze doré, garnis de cristaux de roche.

10 — Six couteaux à manches d'ancienne porcelaine de Saxe gaufrée et décorée de fleurs.

11 — Quatre autres, décorées dans le goût japonais.

12 — Théière en argent, à ornements en relief. Orfèvrerie allemande.

13 — Pot à crème en argent.

14 — Bol, argent, à feuillages en relief.

15 — Flacon à thé, argent.

16 — Boîte rectangulaire à décor de figures.

17 — Deux tasses et soucoupes Empire, porcelaine dorée et à décor de fleurs.

18 — Plaque composée de quatre carreaux de faïence émaillée.

19 — Retable contenant un groupe des Saintes Femmes, en bois sculpté et doré, avec volets peints à fond d'or. xv⁰ siècle.

20 — Un volume, *Cours d'architecture,* qui comprend les ordres de Vignole, etc., etc., par A. C. Daviler. Paris, 1720, avec planches gravées.

21 — Plusieurs plaques de bracelet en lave sculptée à ornements de style antique.

22 — Boîte en émail de Saxe et boîte ronde à couvercle de porcelaine décorée.

23 — Boîte formée d'un boîtier de montre Louis XV en argent.

24 — Éventail Louis XVI à paillettes, un étui en nacre et un cachet ivoire et argent.

25 — Cornet et deux potiches en Delft, décorés en bleu.

26 — Réchaud Louis XV en cuivre.

27 — Cadre sculpté à fronton.

28 — Deux consoles d'encoignure, de l'époque Louis XVI, en bois sculpté et doré.

29 — Bois de fauteuil Louis XIV à entretoise sculptée et dorée.

30 — Ciel de lit en bois doré, avec dôme.

31 à 35 — Cinq glaces à cadres anciens en bois sculpté.

36 — Console Louis XV en bois sculpté, avec marbre.

CURIOSITÉS DE L'EXTRÊME-ORIENT

37 — Collier en or émaillé de Delhi, enrichi de perles fines et pierres de couleurs.

38 — Bracelet de bayadère en or, sujet à relief, orné de perles fines.

39 — Plusieurs bracelets chinois, en or.

40 — Beau brûle-parfums en jade vert foncé, de
forme hémisphérique, à décor d'ornements en
relief, à trois pieds et deux anses, têtes chimé-
riques ajourées et prises dans la masse ; il est
accompagné d'un socle sculpté à jour également
en jade vert, d'un couvercle en bois surmonté
d'un bouquet en jade blanc et d'un second socle
aussi en bois.

41 — Petit écran chinois en bois sculpté à rinceaux
découpés à jour, orné d'une plaquette de jade
blanc représentant le Dragon au milieu de rinceaux.

42 — Autre écran avec plaque ovale en jade sculpté,
représentant une chauve-souris en bas-relief.

43 — Deux petites pièces en jade, sur socles en
bois.

44 à 46 — Sept groupes et figurines en ivoire sculpté
du Japon.

47 — Boîte à gants en ivoire sculpté de la Chine.

48 — Deux pitongs chinois en ivoire sculpté.

49 — Pince à gants en ivoire sculpté.

50 — Deux boîtes à gants en marqueterie de Bombay.

51 — Deux coffrets en bois de santal.

52 — Coupe en ancien émail cloisonné de la Chine, à fleurs-arabesques en émaux de couleur sur fond turquoise.

53 — Vase-balustre, en ancien émail cloisonné de la Chine.

54 — Deux flacons-tabatières en porcelaine de Chine.

55 — Écran japonais en bois dur, à décor de figures en ivoire et nacre.

56 — Deux plats en porcelaine du Japon.

57 — Deux tabourets, forme baril à pans, en porcelaine décorée en bleu.

58 — Environ dix pièces en porcelaine japonaise et poterie de Satzuma.

59 — Vingt plats environ en Chine et Japon.

60 — Grande coupe à couvercle en cuivre gravé de Bombay.

61 — Grand plateau en cuivre de Bombay.

62 — Deux petits vases à décor de grues en haut-relief, en bronze du Japon.

63 à 67 — Environ dix vases en cuivre de Bombay et de la Perse.

68 — Paire de vases en émail cloisonné du Japon.

69 — Boîte à cigares en laque du Japon.

70 — Plateaux en écaille dorée.

71 — Coffrets japonais en bois dur et appliques en métal.

72 — Plateaux et boîtes en laque.

73 — Grands éventails.

74 — Deux services à fumeurs en émail cloisonné.

75 — Deux jeux de plateaux en laque.

76 — Poignards et armes diverses.

77 — Deux grands pitongs en bambou sculpté.

78 — Deux autres en coco brûlé.

79 — Quatre planches en bois sculpté et doré avec inscriptions chinoises.

80 — Trois lances de Java.

81 — Poignard turc.

82 — Brûle-parfums en bronze de Chine ; éléphant portant une tour.

83 — Fusils anciens, tromblons, pistolets.

84 — Nombreuses curiosités de l'Extrême-Orient sous ce numéro.

85 — Deux compotiers, vieux Chine : sujets familiers.

86 — Pitong à décor oiseaux et feuillages, en faïence de Kutani.

87 — Bouteille en Chine, à bandes rouges en spirale.

88 — Divinité en grès émaillé.

89 — Deux bouteilles Chine, fleurs sur fond jaune.

90 — Une autre, fond violet.

91 — Flacon à Kalian, à réserves de fleurs et fond jaune.

92 — Vase-balustre en céladon.

93 — Bouteille à dragon en relief.

94 — Potiche en faïence Kutani.

95 — Bol couvert en porcelaine de Kanga.

96 — Petit vase en faïence de Ninsei.

97 — Petite jardinière, porcelaine d'Imari.

98 — Bol Chine émaillé bleu empois.

99 — Bouteille carrée, porcelaine de Banko.

100 — Jardinière en céladon.

101 — Deux bols faïence de Ninsei.

102 — Autre en Satzuma.

103 — Autre vieux Kutani.

104 — Coupe ovale terre émaillée.

105 — Plat blanc de Chine gaufré.

106 — Plat Japon.

107 — Plat Koutani.

108 — Pot à crème Saxe.

109 — Porte-huilier en faïence de Hœcht.

110 — Trousse laque.

111 — Manche de poignard, en bois sculpté, cuiller en ivoire.

112 — Cabinet du Tonkin en bois de fer, richement décoré d'incrustations de nacre.

113 — Petite armoire chinoise à deux portes et à fronton décorés de figures, sculptées en haut-relief.

114 à 116 — Six étagères à pans coupés, bois de

fer sculpté avec ornements en nacre et pierres de lard, et parties laquées.

117 — Cabinet florentin en bois noir, gravé et rehaussé de dorure et à moulures guillochées.

118 — Meuble en vieux chêne sculpté, à abattant, décoré d'une rosace et de rinceaux feuillagés.

119 — Table à jeu à dessus peint et ceinture ornée de plaquettes en faïence.

120 — Ancien cabinet persan en ivoire gravé.

121 — Deux panneaux de tenture de la Chine, en soie rouge, brodé en or et en soie, à figure de déesse, accompagnée d'une gazelle.

122 — Deux autres, à figures, en broderie sur champ bleu. Travail japonais.

123 — Deux tapis en poil de chèvre, de Shanghaï.

124 — Grande bande en drap rouge à figures brodées. Travail de Canton.

125 — Couvre-lit chinois en satin bleu brodé.

126 — Paravent japonais à six feuilles, décorées d'oiseaux en broderies.

127 — Huit bandes chinoises en soie brodée.

128 — Environ vingt-cinq kakémonos en broderies de soie.

129 — Kakémono ancien, à nombreux personnages dans la campagne, peinture sur soie.

130 — Grand tapis à dessin cachemire.

131 — Cinq petits tapis de l'Afghanistan.

132-133 — Quatre costumes chinois en soie brodée.

134 — Salle à manger russe : buffet, table et chaises, laquées, modèle bambou.

135 — Salle à manger en chêne : table, buffet et chaises.

136 — Meubles courants.

www.ingramcontent.com/pod-product-compliance
Lightning Source LLC
LaVergne TN
LVHW010851180726
843502LV00010B/3836